Fc

Stasia Cramer

Fout!

Tekeningen van Crazie Dutch Men

Zwijsen

Vormgeving: Rob Galema
Logo Geheim: Harmen van Straaten

STICHTING NEDERLANDSE
KINDERJURY
2004

qvi 5

Boeken met dit vignet zijn op niveaubepaling
geregistreerd en gecontroleerd
door KPC Groep te 's-Hertogenbosch.

0 1 2 3 4 5 / 07 06 05 04 03

ISBN 90.276.4825.5
NUR 286

©2003 Tekst: Stasia Cramer
Illustraties: Crazie Dutch Men
Uitgeverij Zwijsen Algemeen B.V. Tilburg

Voor België:
Zwijsen-Infoboek, Meerhout
D/2003/1919/64

Inhoud

1. Vijf fouten

Ansel neemt lang de tijd voor de vrije worp.
Normaal schiet hij negen van de tien keer raak.
Hij scoort het meeste van zijn team.
Dat komt ook omdat hij de langste is.
Ansel is pas twaalf.
Maar vaak wordt hij op zestien geschat.
Vandaag is het alsof er niets lukt.
Hij mag nu voor de derde keer vrije worpen
nemen.
Tot nu toe heeft hij alleen maar gemist.
Als hij nu scoort, dan staan ze gelijk.
Dat heeft zijn team wel nodig.
Het hele jaar hebben ze super gespeeld.
Als ze vandaag winnen, zijn ze kampioen.
Maar juist vandaag gaat alles mis.

Ansel kijkt naar de ring.
Meteen in de basket of via het bord?
In één keer is beter, dat doet hij altijd.
Ansel zet zijn voet voor.
Zijn ene hand op de bal, de andere eronder.
Langzaam brengt hij de bal omhoog.
Om de bucket staan de andere jongens te wachten.
Als Ansel mis schiet, dan wordt het vechten om de
bal.
Ansel gaat door zijn knie en daar gaat de bal.
Hij is verbaasd als hij de bal tegen de ring ziet
ketsen.

Weer mis?
Dat kan gewoon niet!
Een jongen van het andere team vangt de bal.
Hij gaat snel naar de overkant.
Daar maakt hij een lay-up.
Twee punten erbij voor het andere team.

De coach vraagt een wissel aan.
Dat zal voor mij zijn, denkt Ansel.
Ja, hij moet naar de bank.
Normaal hoeft hij er nooit uit!
Balend gaat hij zitten.
'Hoe kun je die worpen nou missen?' vraagt de coach.
'Je bent een oen.
Ik heb vandaag niets aan je.'
'Ik weet niet wat er aan de hand is,' zegt Ansel.
Hij voelt zich zo stom.
Kon ik er maar weer in, denkt hij.
Ik wil mijn fouten graag goedmaken.
Even later krijgt hij weer een kans.

Nu is de bal voor mij, denkt hij.
Met een grimmig gezicht loopt hij het veld in.
De scheids heeft dat gezien.
Ansel pakt de bal voor een jongen weg.
De scheids fluit direct.
'Fout voor nummer 4,' gebaart hij naar de
schrijftafel.
Dat is al mijn derde, denkt Ansel.
Ik moet oppassen.

Met vijf fouten lig ik eruit.
De vierde fout volgt al snel.
Ansel snapt niet waarvoor.
Ik hoef maar naar de bal te kijken en ik krijg al een
fout, denkt hij.
'Ik heb niets gedaan, scheids,' roept hij.
De scheids haalt zijn schouders op.
'Dat bepaal ik wel,' zegt hij.
Nog geen tel later volgt de vijfde fout.
Ansel moet naar de bank.
Hij mag niet meer in het veld terug.
Ansels vriend Dennis moet er even later uit.
Ook vijf fouten.
Joost volgt direct daarna.
'De scheids is tegen ons,' zegt de coach.
'Zo kun je toch niet spelen?'
Hij wil opstaan, om de scheids eens de waarheid te
zeggen.
Maar Joost trekt hem terug op de bank.
'Het heeft geen zin.
Dat weet je toch?'
De coach gaat weer zitten.
Met z'n vieren kijken ze toe.
Hun team wordt in de pan gehakt.

De scheids fluit voor de laatste keer.
Zestig-veertig staat er op het scorebord.
Dit is de rotste dag van mijn leven, denkt Ansel.
Het had de mooiste moeten zijn.
Hij heeft de laatste dagen steeds aan de wedstrijd
gedacht.

Ze zouden winnen, dat was zeker.
Dan mochten ze een klasse hoger spelen.
Hij zou ontdekt worden.
Hij zou gaan spelen in een superteam.
Dan was hij de eerste prof van twaalf.
Nou ja, of dertien tegen die tijd.
Ansel pakt de bal.
Vanaf de bank schiet hij naar de basket.
Raak, het netje beweegt niet eens.
'Nu hoeft het niet meer,' zegt de coach.

2. De pest in

Ansel rijdt op de fiets naar huis.
Hij heeft de pest in.
En niet zo'n klein beetje ook.
De coach is nog in de kleedkamer gekomen.
Hij is tekeergegaan!
En alleen maar tegen mij, denkt Ansel.
Ik heb te weinig getraind, zegt hij.
De rest van het team heeft zeker extra getraind.
Stiekem of zo, want ik heb er niets van gezien.
En ik heb niet goed opgelet, vindt hij.
De rest zeker wel!
Vandaar die lage score!
Ik heb wel twaalf punten gemaakt.
Dat is meer dan een kwart van de hele score.
Ik ben toch niet de enige in het team?
O ja, en ik ben verliefd, volgens de coach.
Daarom lette ik niet op de bal.
Pff, ik ben nooit verliefd.
De rest wel, maar ik echt niet!
Daar heb ik toch geen tijd voor.
Ik wil prof worden.
Dan ben je alleen maar bezig met je sport.
Dennis heeft dat zeker aan de coach verteld.
Hij wil graag dat ik verliefd ben.
Dennis is zelf een meisjesgek.
Altijd bezig met die meiden uit de buurt.
Ik train toch meer dan de rest?
Nou ja, op deze week na dan.

13

Maar dat was niet mijn schuld.
Van boosheid gaat Ansel steeds harder fietsen.
'Dennis en Joost moesten toch ook op de bank?'
zegt hij hardop.
Hij doet net alsof de coach naast hem fietst.
'De rest van het team heeft toch ook steeds
gemist?'
Ansel slaat met zijn hand op het stuur.
'En de scheids was toch tegen ons?'
Die stomme scheids met zijn zweetneus.
Met die rare bril, die hij steeds omhoog moest
duwen.
Zo kon hij toch niets zien?
Was de scheids maar hier, denkt Ansel.
Ik zou hem graag een lesje leren!

Ansel fietst de straat in.
Hij wil, zoals altijd, de stoep oprijden.
Zo komt hij op het pad naar de tuinen.
Maar nu gaat hij veel harder dan anders.
De auto's van de buurman en zijn moeder staan
achter elkaar.
Ansel kan er maar net tussendoor.
Ineens is Ansel erg boos op de buurman.
Die heeft zijn auto weer raar geparkeerd.
En het is de buurmans schuld dat hij die vrije
worpen heeft gemist.
Normaal oefent Ansel altijd op het grasveld voor
hun huis.
Daar hangt een basket aan een bord.
Maar de buurman heeft zijn bal afgepakt.

De bal kwam een keer in zijn voortuin terecht.
Hij rolde een stukje over zijn stoep.
Erg hè?
Echt een reden om een bal in te pikken.
Uit boosheid geeft Ansel een trap tegen de bumper
van zijn auto.
Maar dan haakt zijn trapper vast achter de bumper.
Met fiets en al valt Ansel om.
Als hij opstaat, ziet hij dat de bumper verbogen is.
Het kapje van de richtingaanwijzer is ook stuk.
Ansel schrikt.
Dit is een ramp!
De buurman zal zó kwaad zijn.

3. Bang voor de buurman

Snel pakt Ansel zijn fiets op.
Met de fiets aan de hand loopt hij het pad in.
Dan kijkt hij naar de voordeur van de buurman.
Is hij thuis, heeft hij iets gezien?
Komt hij zo scheldend naar buiten?
Ansel hoopt zo dat hij niet thuis is.
De buurman is soms erg lang weg.
Hij heeft dan een tas in zijn hand.
Alsof hij naar de winkel gaat.
'Volgens mij gaat hij ergens gokken,' zei Ansels
moeder een keer.
'Of hij gaat naar de kroeg!
De winkels zijn hier toch vlakbij?
Dat hoeft geen uren te duren!'
Ik hoop dat de buurman in de kroeg is,
denkt Ansel.
Of dat hij veel geld wint aan de gokkast.
Dan blijft hij nog wat langer weg.
Het is stil op straat.
Er is zelfs geen verkeer.

Ansel staat te trillen op zijn benen.
Zijn hart klopt in zijn keel.
Hij houdt zijn adem lang in.
Nee, nog geen buurman te zien.
Ansel is bang voor de buurman.
Er is al erg lang ruzie.
Die is begonnen toen Ansel op het grasveld voor

hun huis was.

Hij speelde een partij met zijn vrienden.

De bal kwam een keer hard tegen de voordeur van de buurman aan.

Dat was de schuld van Dennis.

Hij trapte de bal boos weg.

Dennis vond dat hij te ruw werd verdedigd.

Er was niets aan de hand met de deur.

Hij was niet stuk of zo.

Maar de buurman was zó boos geweest.

Hij kwam zijn huis uit rennen.

Ze moesten maken dat ze wegkwamen.

'Nog één keer met een bal op het veldje,' schreeuwde hij.

'Dan sla ik jullie met de koppen tegen elkaar!'

Ansels moeder was boos naar de buurman gegaan.

Ze vond het niet eerlijk dat hij tegen de jongens had geschreeuwd.

Hij was toch ook jong geweest?

De buurman was toen ook tegen zijn moeder tekeergegaan.

Sinds die dag zeiden ze niets meer tegen elkaar.

Een dag later waren de jongens weer op het grasveld.

Toen had de buurman de politie erbij gehaald.

De agent was niet boos op de jongens geweest.

Hij had geprobeerd met de buurman te praten.

Maar er was niet met hem te praten.

Dat zei hij later tegen Ansels moeder.

Zij hoopte dat de buurman zou verhuizen.

'Wat moet zo'n man alleen in een straat met jonge kinderen?' had ze gezegd.
'Logisch dat zijn vrouw is weggegaan.
Met zo'n vent is toch niet te leven?'
Maar later had zijn moeder gezegd:
'Speel toch maar niet meer op het grasveld.
Ik kan niet voor de buurman instaan.
Het lijkt wel of hij gek aan het worden is.'

Hij ís al gek, denkt Ansel.
Gelukkig is de buurman vaak weg voor zijn werk.
Maar als hij thuis is ...
Dan houdt hij Ansel in de gaten.
Als Ansel de stoep oprijdt, staat hij al bij zijn auto.
Hij heeft gezegd:
'Als je ooit mijn auto raakt met die fiets van je,
breek ik je nek.'
En nu heeft Ansel dus zijn auto geraakt.
Nog een fout vandaag.
Maar wel eentje die erger is dan de fouten in het veld.
Hoe kon ik zo stom zijn? denkt hij.
Ik wilde alleen die bumper een trap geven.
Ik wilde echt niets stukmaken!

4. Bonk!

Ansel zet zijn fiets in de schuur.
Dan blijft hij even staan.
Wat moet ik doen? denkt hij.
De zaak opbiechten aan mama?
Ze zal zo kwaad op me zijn!
Ansel denkt dat zijn moeder ook bang is voor de
buurman.
Stel dat ik zeg dat het een ongeluk was, denkt hij
dan.
Dat mijn trapper achter de bumper bleef hangen.
Dat het dus de buurmans eigen schuld is.
Hij heeft zijn auto toch voor het pad gezet?
Maar dan moet mama nog naar hem toe.
Om de zaak met hem te regelen.
Dan moet ze een brief schrijven aan de
verzekering.
Zullen zij me wel geloven?
Mama heeft geen hoge pet op van de verzekering.
'Ze willen je voor alles laten betalen,' zei ze.
'Maar als je schade hebt, dan zijn ze niet thuis.'
Nee, dat kan ik haar niet aandoen, besluit Ansel.

Sinds zijn vader dood is, voelt Ansel zich de man
in huis.
Hij wil zijn moeder beschermen.
Ze heeft het al druk genoeg met Tara en Lobke.
Dat zijn Ansels jonge zusjes.
Die hebben vaak ruzie.

Daar wordt hun moeder erg moe van, zegt ze.
Ze moet hard werken.
Ansels moeder is verpleegster.
Ze werkt alleen 's avonds en 's nachts.
Dan kan ze veel bij haar kinderen zijn.
Ansel besluit niets te zeggen.
Niemand heeft hem toch gezien?
Er was geen mens op straat.
De kans dat iemand hem vanuit het raam heeft
gezien, is erg klein.
De tuinen staan vol bomen en struiken.
Ansel haalt opgelucht adem.
Ja, dit is het beste.

Ansel gaat zachtjes naar binnen.
Zijn moeder slaapt nog.
Ze heeft vannacht gewerkt.
Tara en Lobke zijn dit weekend uit logeren.
Bij tante Ger, moeders zus.
Ansel gaat op de bank zitten.
Hij zet de tv zacht aan.
Snel naar het sportkanaal.
Hij zit nog maar vijf minuten voor de buis.
Ineens lijkt het of het oorlog is.
De bel gaat lang.
Bonk bonk! Bonk bonk!
Iemand blijft op de deur slaan.
Dan hoort Ansel geschreeuw en gevloek.
Hij krimpt in elkaar.
Het is de stem van de buurman!
De buurman heeft hem toch gezien.

Hij komt voor Ansel.
Om hem in elkaar te slaan!
Snel zet Ansel de tv uit.

5. Politie

Moet ik de deur opendoen? vraagt Ansel zich af.
De buurman breekt mijn nek!
Hij hoort zijn moeder van boven uit het raam
schreeuwen.
'Wat is er aan de hand?
Ik ben aan het slapen, hoor!'
'Je bent tegen mijn auto gereden!'
schreeuwt de buurman.
'Dat kost je een boel geld!
En dan nog de zaak verbergen ook, hè?
Kom eens hier als je durft!'
'Ach man, stik,' roept zijn moeder terug.
'Ik ben helemaal niet tegen je auto gereden.
Hoe kom je daar nou weer bij?
Kun je wel, mij vals beschuldigen?
Doe eens normaal.
Er is al genoeg ellende in de wereld.'
'Ik heb de politie al gebeld,' roept de buurman uit.
'Mijn bumper is stuk en de kap van mijn
richtingaanwijzer ook.
Dat heb jij gedaan met die trekhaak van je.
Ik heb je toch gezegd dat je die eraf moest halen?
Je hebt er nu toch niets meer aan.'
Ansel weet wat de buurman bedoelt.
Vroeger hadden ze een aanhanger.
Daar reed papa vaak mee.
Toen papa er niet meer was, heeft mama hem
verkocht.

Zij durfde er niet mee te rijden.
'Haal de politie er vooral bij,' roept moeder uit.
Ansel hoort aan haar stem dat ze woedend is.
'Die zien meteen dat ik het niet gedaan kan hebben.
Anders zou ik het je als eerste laten weten.
Ik ben verzekerd, hoor.
En bemoei je verder met je eigen zaken!'
Boos klapt ze het raam dicht.

Ansel zit verstijfd op de bank.
Gaat de buurman de politie erbij halen?
Als de politie komt, is hij er gloeiend bij.
Hij moet zo snel mogelijk weg.
Ansel hoort zijn moeder de trap afkomen.
Hij sluipt naar de keuken.
De deur trekt hij zo zachtjes mogelijk achter zich dicht.
Dan rent hij de tuin uit.
Snel links het pad in.
Waar moet ik heen? denkt hij.
Door naar de winkels of terug naar de straat?
Vanaf het pad kan hij net in de straat kijken.
Hij ziet een politiewagen rijden.
Toeval of ...?
Ansel rent snel weg.
Maar dan komt hij weer terug.
De auto stopt voor hun huis!
Twee agenten stappen uit.
De buurman staat al druk te gebaren.
Ook mama komt naar buiten.

Weer politie, denkt Ansel.

Maar deze keer ben ik echt fout.

Wat moet ik doen?

Ansel pijnigt zijn hersens.

Ik kan net doen of ik van de wedstrijd kom, denkt hij.

Dan heeft niemand iets door.

De aanrijding is dan gebeurd voordat ik thuis was.

O, nee hè, m'n fiets staat nog in de schuur!

Ik kom toch altijd thuis met de fiets?

6. De trapper

Ik moet m'n fiets uit de schuur halen, denkt Ansel.
Maar hoe kan dat zonder gezien te worden?
De buurman en mama zijn voor het huis met de politie.
Ansel hoort ze hiervandaan schreeuwen.
Een goed moment om zijn fiets te halen?
Andere buren komen hun huizen uit.
Ze willen niets missen.
Niemand let op de tuinkant.
Ja, dit is het beste moment.
Ansel rent terug naar zijn tuin.
Snel pakt hij de fiets uit de schuur.
Vanaf de straat kan niemand in de tuin kijken.
Dat is goed!
O, hij moet zijn sporttas niet vergeten.
Die had hij daarnet in de schuur gegooid.
Wat een geluk dat de tas nog hier is.
Ansel slaat de tas over zijn schouder.
Met de fiets aan de hand gaat hij door het tuinhek.
Hij kijkt om zich heen.
Nog niemand te zien, dat is heel goed!
Ansel slaat zijn been over de stang.
Hij wil snel het pad afrijden.
Bij de straat stapt hij weer af.
Eerst om de hoek kijken.
Op straat ziet het zwart van de mensen.
Het lijkt of alle buren voor hun huis staan.
Ook dat is goed, erg goed.

Het kon zelfs niet beter!
Nicmand die op hem let.

Ik stap op de fiets en rij naar huis, denkt Ansel.
Wat zou ik doen als ik niet wist wat er was
gebeurd?
Ik moet nu toneelspelen.
Ik denk dat ik bang zou zijn voor een ongeluk.
Ja, als er politie is, dan is er vaak een ongeluk
gebeurd.
En de politie staat voor mijn huis!
Dan ben ik dus in paniek.
Ansel springt weer op zijn fiets.
Hij zet kracht met zijn rechtervoet.
Dan wil hij zijn voet op de linkertrapper zetten.
Ineens ziet hij dat die verbogen is.
O nee, denkt hij.
Nu hebben ze het meteen door.
Ik moet stoppen en de trapper maken.
Zijn paniek is nu echt.

Ansel kan niet meer stoppen.
Er rijdt een auto achter hem.
Het is de auto van de buren van een paar huizen
verder.
De buurvrouw maakt met haar armen een gebaar
van:
'Wat is er aan de hand?'
Ik ben erbij, denkt Ansel.
Alles komt nu uit, mijn plan is mislukt.
Ik word zo meegenomen door de politie.

Ze gooien me vast in een cel.
Of de buurman slaat me in elkaar.
Ik weet niet wat ik erger vind.

7. Geluk bij een ongeluk

Al snel zijn ze bij de menigte.
Ansel wil al afstappen.
Maar de auto naast hem maakt een schuiver.
Ansel moet uitwijken.
Hij rijdt met zijn fiets tegen de stoep.
Dan ligt hij op de grond.
Beduusd blijft hij liggen.
De buurvrouw komt de auto uit.
Ze begint te schreeuwen.
Even later staat Ansels moeder bij hem.
De agenten zijn er ook al.

'Ben je gewond? Zeg dan wat!' roept zijn moeder.
De buurvrouw staat te snikken.
'Ik moest uitwijken voor kleine Wanda,' zegt ze.
'Die liep bijna onder mijn auto.
En nu heb ik Ansel bijna overreden.
Heb je pijn?
O jee, je fiets is kapot.
Het wiel is verbogen.
Hoe kon ik zo stom zijn?'
Ansel kijkt naar zijn fiets.
Het wiel is verbogen, net als de trapper.
Langzaam gaat hij zitten.
'M'n dij doet zeer,' zegt hij.
'En m'n hand is geschaafd.
O ja, m'n knie doet ook pijn.'
Ineens moet hij bijna lachen.

Ik ben het slachtoffer, denkt hij.

Net was ik nog de dader.

Een agent kijkt hem bezorgd aan.

Zijn moeder helpt hem bij het opstaan.

'Wat is hier aan de hand?' vraagt Ansel.

Hij probeert verbaasd te kijken.

De buurman staat er ook.

Ansels moeder draait zich naar hem om.

'Zie je nou wat je hebt gedaan?

Ik had bijna mijn zoon verloren.

Omdat jij mij vals hebt beschuldigd.

Zoek toch een hobby, vent!

Kom maar, Ansel, we gaan naar binnen.'

Ansels moeder wijst naar de buurman.

'Heb niet het lef om nog één keer de politie te bellen voor zo'n geintje.

Dan dien ik een aanklacht tegen jou in.

Je bent ons aan het stalken.

Daar staat ook straf op, weet je.

Je moest maar eens een tijd in de cel zitten.

Dan krijg je nog eens fijne buren.

Als je die vals beschuldigt, heb je direct een mes in je lijf.'

De buurman druipt af.

De andere buren gaan ook weer naar huis.

Ansel haalt opgelucht adem.

Hij volgt zijn moeder.

Thuis kijkt zijn moeder hem na.

Ze is niet voor niets verpleegster.

'Blauwe plekken en een geschaafde hand,' zegt ze.

'We hoeven gelukkig niet naar de dokter.

Ga jij maar bij de tv zitten.
Ik ga wat lekkers halen bij de super.
Wil je chips?
Zullen we een video halen voor na het eten?'
'Laat mij de video maar halen,' zegt Ansel.
'Ik wil een stukje lopen, dan word ik niet stijf.'
Vrolijk loopt Ansel de deur uit.
Hij lacht in zichzelf.
Een geluk bij een ongeluk, denkt hij.
Ik had het zelf niet kunnen verzinnen.
Die blauwe plekken zijn over een week weg.
Wat ben ik hier goed afgekomen.

Het is niet ver naar de super.
Het pad links volgen en dan de straat over.
Het hek van de laatste tuin gaat open.
Kim, een vriendin van Tara, komt naar buiten.
'Opzij, ik heb haast,' zegt Ansel.
Hij vindt Kim een zeur.
Ze wil altijd een praatje met hem maken.
Zo'n praatje duurt dan uren.
Maar Kim gaat niet opzij.
Ze gaat juist voor Ansel staan.
'Ik weet jouw geheim.
En ik ga het vertellen aan de buurman.'
Als door een wesp gestoken staat Ansel stil.

8. Een briefje van tien

Ansel kijkt omhoog.
Naar de verdieping van Kims huis.
Daar moet haar kamer zijn.
Het enige huis zonder bomen ervoor.
Een huis met uitkijk op de straat.
Kim heeft hem dus gezien.
Nu is alles toch weer verloren.
Kim staat voor hem te dansen.
'Ik ga het tegen de buurman zeggen.
Ik ga het tegen de buurman zeggen!'
'Schreeuw niet zo,' sist Ansel.
Hij kijkt om zich heen.
Kijkt er iemand?
'Hahahaha.'
Kim lacht en danst.
Ze lijkt wel gek.
Dan kijkt Kim ineens heel serieus.
'Zal ik het tegen de buurman zeggen?' vraagt ze.
'Liever niet,' bromt Ansel.
'Eh ...'
Kim wiebelt heen en weer.
'Eh, ik heb tien euro nodig voor een cadeau.
Als je me die geeft, dan zeg ik niets.'
'Tien euro?' roept Ansel uit.
'Dat is veel geld!'
'Ja, maar je hebt ook een groot geheim,' zegt Kim.
Aarzelend pakt Ansel de tien euro uit zijn zak.
Het geld voor de video.

Hij geeft het briefje aan Kim.
'Erewoord dat je niets zult zeggen?'
'Erewoord,' zegt Kim.

Ansel gaat naar huis.
'Heb je een leuke video?' vraagt zijn moeder.
'Nee, er was niets wat ik wil zien,' zegt Ansel.
'Maar er is een film op tv.
Laten we daar maar naar kijken.'
'Geef het geld maar meteen terug,' zegt zijn
moeder.
'Je bent altijd zo slordig.'
Ansel wordt rood.
Er zit geen briefje van tien meer in zijn zak.
Heeft hij boven nog geld?
'Eh, ik moet naar de wc,' zegt hij.
'Ik ben zo terug.'
Ansel rent naar boven.
'In de hal is ook een wc,' zegt zijn moeder
verbaasd.
'Ik moet ook wat anders aan,' verzint Ansel snel.
Hij rent de trap op.
'Je doet het toch niet in je broek?' lacht zijn
moeder hem na.
De bel gaat en zijn moeder doet open.
Ansel gaat de badkamer in.
Hij trekt een paar keer door.
Welk probleem heeft hij nu weer?
Ansel vindt twee briefjes van vijf euro op zijn
kamer.
Maar hij heeft geen briefje van tien.

Hoe kan ik dat uitleggen? denkt hij.
Als hij de trap afloopt, ziet hij de buurman op de
bank.
Nee hè, denkt Ansel.
Heeft Kim mijn geheim nu al verklapt?

9. Klusjes

De buurman heeft een tas bij zich.
Hij haalt daar ... de bal van Ansel uit.
'Ik kom zeggen dat het me spijt,' zegt hij.
'Ik vind het heel erg dat je gewond bent.
Hoe gaat het nu met je?
Heb je veel pijn?'
Ansel haalt zijn schouders op.
Hij weet echt niets te zeggen.
Ansel dacht dat de buurman zijn geheim kende.
Dat de buurman hem in elkaar kwam slaan!
Heeft Kim toch woord gehouden?
Dat moet dan wel.
Ansels moeder is blij dat de buurman weer aardig
doet.
'Pilsje?' vraagt ze.
Ansel springt op.
'Ik ben de chips vergeten.
Als ik ren, haal ik de super nog voor vijf uur.'
Zo heb ik een smoes voor het briefje van tien,
denkt Ansel.
Dan is dat probleem ook opgelost.

Ansel rent in één keer door naar de super.
Nét op tijd.
Dan staat hij met een grote zak chips op het plein.
Daar komt Kim weer aan.
Ze draagt een tas vol spullen.
'Wil je de tas voor me naar huis dragen?' vraagt ze.

'Hij is zo zwaar.
Ik ben niet zo sterk als jij.'
'Ik ben je loopjongen niet,' zegt Ansel.
'Je kunt die tas best zelf dragen.'
'De buurman vindt jou vast niet aardig,' zegt Kim.
'Je doet gemeen tegen me.'
Zuchtend pakt Ansel de tas.
Hij balt zijn vuist.
Weet hij niet iets over Kim?
Heeft zij nooit een geheim gehad?
Wat voor geheim heeft een meisje van tien?
Wist hij het maar.
Dan kon hij iets terugdoen.
Maar Ansel kan niets bedenken.
Jammer.
Hij kan dat kind wel wat aandoen!

Kim kijkt steeds vrolijker.
'Ik moet het gras nog maaien.
Maar ik heb zo'n last van mijn arm.
Die tas is zo zwaar.
De buurman zal het fijn vinden als jij dat voor mij
doet.'
Ansel kan Kim wel vermoorden.
Ik sla haar met haar hoofd tegen de schuur, denkt
hij.
Of nee, ik trek de tas over haar hoofd.
Dan laat ik haar stikken.
Kim blijft maar doorgaan.
Er komt geen eind aan.
Ik moet nu echt iets doen!

10. Het geheim van de fiets

Zwijgend maait Ansel het gras.
Kim danst om hem heen.
Ze kletst aan één stuk door.
Ansels gezicht staat op onweer.
Dit is chantage, denkt hij.
Straks heeft ze weer een klus voor me.
Of wil ze weer geld, of iets anders.
Ik kan ook dreigen.
Dat ik haar in elkaar sla als ze iets tegen de
buurman zegt.
Ik ben sterk en Kim niet.
Maar iedereen zal dan boos op mij zijn.
Vooral Tara en mama.
Zij nemen het altijd op voor de zwakken.
Kim kletst nog steeds door.
Ansel hoort haar niet.
Hij is verdiept in zijn gedachten.
Ik kan ook ontkennen wat Kim zegt, denkt hij.
Ik kan zeggen dat ze het verzint.
Dat ze uit haar nek kletst.
De buurman wil weer maatjes met ons zijn.
Misschien gelooft hij mij wel en mama ook.
Zij schrok zo van mijn ongeluk.
Maar dan blijft de vraag wie de auto van de
buurman stuk heeft gemaakt.
Als ik daar nou een antwoord op zou weten!
Zonder erg heeft Ansel het gras gemaaid.
'Nu alleen mijn fiets nog,' zegt Kim.

'Dan ben je klaar.'

Ineens is Ansel er weer bij.

'Wat is er met je fiets?' vraagt hij boos.

Kim heeft vast een lekke band.

En die moet hij plakken?

'Mijn wiel is verbogen,' zegt Kim vrolijk.

'Je moet het weer recht maken.'

'Kan je vader dat niet doen?' vraagt Ansel.

'Mijn vader komt straks moe thuis,' zegt Kim.

'Hij is naar voetbal.

En m'n moeder snapt niets van fietsen.

Trouwens, ze zit bij de buurvrouw wijn te drinken.

Aan haar hebben we niets meer.'

Ansel buigt zich over de fiets.

'Hoe krijg je dat wiel zo verbogen?' vraagt hij.

'Wat heb je gedaan?

Ben je gevallen?'

'Ik ben tegen de stoep gereden,' zegt Kim.

'Zelf ben ik niet gevallen.

Alleen mijn fiets maar.'

Kim trekt een geheimzinnig gezicht.

'Monique is ook niet van jouw fiets gevallen, hè?

Daar heb jij wel voor gezorgd!'

'Waar heb je het over?' vraagt Ansel.

'Over jouw geheim!'

11. Verdiende loon

Ansel pakt Kim bij haar arm.
Hij schudt haar heen en weer.
'Welk geheim?' roept hij uit.
'Vertel op, stom kind.'
Kim krimpt in elkaar.
Ze is nu bang voor Ansel.
Met een piepstem komt het eruit.
'Jullie hebben toch verkering,
Monique en jij?
Monique zat bij jou achter op de fiets.
Jij hield haar vast.
Ik heb het zelf gezien.
Monique zegt dat jullie hebben gezoend.
Maar dat heb ik niet zelf gezien.
De buurman zal zo boos zijn als hij hoort dat jullie
hebben gezoend.'

Ansel begint hard te lachen.
Het geheim gaat over Monique, een meisje uit
Tara's klas.
Ze woont schuin achter hen.
Monique probeert steeds zijn aandacht te trekken.
Soms schijnt ze met een zaklantaarn in zijn kamer.
Of ze laat Tara een briefje op zijn bureau leggen.
Als hij naar school gaat, staat ze op het pad op
hem te wachten.
Eerst vond Ansel dat wel leuk.
Maar nu is hij er flauw van.

Het kind is pas tien!
Vorige week was ze de sleutel van haar fiets kwijt.
Dat was niet echt zo, wist hij later.
Ansel had Monique een lift gegeven.
Maar ze hebben niet gezoend!
Hij heeft haar voor hun schuur afgezet.
Daarna is hij snel naar huis gegaan.
Maar ze heeft Kim vast iets anders verteld.
En Dennis ook, bedenkt Ansel.
Die heeft toch ook tegen de coach gezegd dat ik
verliefd ben?
En ik maar denken dat Kim mijn geheim wist.
Dat ze het aan de buurman wilde vertellen.
Ze bedoelde een andere buurman.
De vader van Monique!
Dit grapje heeft me tien euro gekost.
En veel onnodig werk.
Ik zal het haar betaald zetten!
Toch is Ansel vooral opgelucht.
'Je bent een stomme trut,' zegt hij tegen Kim.
'Maak dat wiel zelf maar.
Of vraag het de buurman!
Dan kun je hem direct mijn geheim vertellen.
Het is trouwens niet mijn geheim.
Het is het geheim van Monique.
Ik heb niet met dat kind gezoend.
En dat is de echte waarheid!'
Ansel rent de tuin uit.

Hijgend komt Ansel thuis.
De buurman zit er nog steeds.

'Wat was jij lang weg,' zegt zijn moeder.

'Ik maakte me al zorgen.

Je vrienden waren zeker op het plein, hè?'

Ineens verzint Ansel iets moois.

'Nee,' zegt hij met een ernstig gezicht.

'Ik hielp Kim even.

Het arme kind is met haar fiets tegen de stoep gereden.

Haar wiel was helemaal krom.

Maar ik kreeg hem ook niet recht.

Dat moet een flinke klap zijn geweest.'

De buurman veert op van de bank.

'Dan weet ik nu ook wie mijn auto stuk heeft gemaakt,' zegt hij.

'Kim is tegen de bumper van mijn auto gereden.

Ik ga er nu heen.'

'Haar ouders zijn er nu niet,' zegt Ansel.

Hij schrikt toch een beetje.

'Met Kim zelf valt niet te praten.

Ze verzint altijd van alles.

Ze kan liegen alsof het gedrukt staat.

Weet je wat ze net zei?

Dat ik heb gezoend met Monique.

Dat is dat meisje dat hier schuin achter woont.'

'Nee!' roept moeder uit.

'Dat kind zit bij Tara in de klas.

Die is pas tien!'

'Ja,' zegt Ansel.

'Dat is de Monique die ik bedoel.

Vorige week was ze de sleutel van haar fiets kwijt.

Ik gaf haar een lift naar huis.

Maar Kim maakt ervan dat we stonden te zoenen!'
'Dat meen je niet,' lacht Ansels moeder.
'Wat een verhaal!
Maar ja, zo zijn meisjes van die leeftijd nu
eenmaal.
Ze leven nog in hun fantasie.'
'Dan ga ik morgen naar haar ouders,' zegt de
buurman.
'O?' zegt moeder.
'Wees maar niet bang.
Ik zal alleen vragen of zij tegen mijn auto kan zijn
gereden.
Ik zal haar niet beschuldigen of zo.
Zij zullen toch ook wel verzekerd zijn?'
'Dat moet haast wel,' zegt Ansel.

Dat wordt bonje voor Kim, denkt hij.
Haar verdiende loon.
Maar ze zal zich er wel uit redden.
En anders haar vader wel.
Die laat zich door de buurman echt niets zeggen.
'Nog bier, buurman?' vraagt Ansels moeder.
'Ik heb chips gehaald,' zegt Ansel.
Hij pakt een schaal en schudt de zak erin uit.
Daarna zet hij de schaal netjes op tafel.
Ansel heeft zich de hele dag niet zo rustig gevoeld.
'O ja, je krijgt nog geld terug van tien euro.'
Ansel pakt het geld uit zijn zak.
Hij geeft het aan zijn moeder.
Dan gaat hij zitten.
Mijn problemen zijn opgelost, denkt hij tevreden.

Ik heb mijn bal ook terug.
Nu kan ik weer op het veld spelen.
De buurman vindt het vast niet meer erg.
Misschien wil hij een keer mee naar een wedstrijd.
Ik vraag het hem in elk geval.
Ansel neemt zich ook iets anders voor.
Ik ga zoveel trainen dat ik nooit meer een vrije
worp mis.
Dan worden we volgend jaar kampioen.

Er zijn negen Zoeklichtboeken over Geheim:

*

**

***

Lees ook de Zoeklichtboeken over Vakantie:

*

**

***

Lees ook de Zoeklichtboeken over Vrienden: